ALAIN BLANCHART

ou

LE SIÉGE DE ROUEN EN 1418,

Drame lyrique national en trois actes,

DÉDIÉ A LA VILLE DE ROUEN,

PAROLES DE

J.-A. RÉFUVEILLE (André RÉLOI),

MUSIQUE DE

ADRIEN BOIELDIEU.

Dulce pro patriâ mori.

Prix 1 fr. 25 cent.

ROUEN,
IMPRIMERIE DE BERDALLE DE LAPOMMERAYE,
Rue de la Vicomté, 13 et 15.

1850.

ALAIN BLANCHART

OU

LE SIÉGE DE ROUEN EN 1418,

Drame lyrique national en trois actes,

DÉDIÉ A LA VILLE DE ROUEN ;

PAROLES DE M. J.-A. RÉFUVEILLE (André RÉLOI),

MUSIQUE DE

M. ADRIEN BOIELDIEU.

Dulce pro patriâ mori.

ROUEN.

IMPRIMERIE DE BERDALLE DE LAPOMMERAYE,

Rue de la Vicomté, 13 et 15.

—

1850.

PRÉFACE.

Le siége de 1418 ne fut pas seulement glorieux pour les Rouennais, mais pour la France entière. Ce fut en faveur de la nationalité, au milieu des divisions et des luttes des partis, de l'abandon des villes et des intérêts les plus puissants du pays, sacrifiés par le pouvoir central d'alors, la plus énergique et la plus sublime protestation des peuples réduits à leurs seules forces pour se défendre.

Alain Blanchart, c'est l'homme des Communes mourant pour l'indépendance du sol, pour la liberté ; c'est la première manifestation de cet héroïsme qui devait enfanter plus tard, avec encore plus d'éclat et de pureté, la vierge de Vaucouleurs ; c'est le premier cri d'affranchissement, cri sublime ! de ce pauvre peuple de France, jusqu'alors écrasé par la puissance féodale, compté pour rien, chose vile, taillable et corvéable à merci, portant les marques de la servitude, se levant enfin de lui-même pour défendre et sauver le pays perdu par les dissensions, par l'ambition ou l'inertie des grands ; c'est, au milieu des violences et des désordres d'une époque encore barbare, ignorant les bienfaits et jusqu'au nom d'une liberté sage et réglée, le signe précurseur et lointain, le premier symptôme annonçant l'avènement d'un troisième ordre, qui devait conquérir ses titres de noblesse, fonder la société moderne, réparer l'injustice des temps passés, opérer cette fusion nécessaire entre tous les enfants d'un même sol, en les plaçant, sans distinction de rang et de privilége, sous le sceptre impérissable de la loi.

Ce chaos du moyen-âge, ces luttes ardentes des partis, cet ennemi envahissant notre territoire, cette énergique résistance des populations, ne serait-il pas facile de les retrouver sous une autre forme, sous d'autres noms, à une époque rapprochée de nous, dont nous ferons longtemps le deuil, et dont tous les cœurs honnêtes et dévoués doivent plus que jamais conjurer le retour.

L'impartiale histoire enregistrera, pour l'éternel honneur de la ville de Rouen, qu'en 1848, comme en 1418, cette cité a su préserver la France.

Comparer les deux époques, ce n'est pas faire de la politique, mais de l'histoire.

Déjà, sur les bancs du lycée de Rouen, il y a près de quinze ans, la grande image d'Alain Blanchart m'avait frappé, en entendant la parole éloquente de M. Chéruel, retraçant le désastre de l'invasion anglaise au moyen-âge, les péripéties d'un siége mémorable, dont il devait être plus tard l'historien. Dès cette époque, tacitement entraîné par mon goût pour la littérature, j'avais réservé *in petto* ce magnifique sujet.

Après février 1848, quand l'insurrection devenant partout le mot d'ordre de ces factieux de tous les règnes, qui n'ont jamais reculé, république ou monarchie, devant l'exécrable mission d'ensanglanter la France, éclatait d'abord à Rouen et à Elbeuf, pour se replier, dans de formidables proportions, vers Paris; en voyant la valeur rouennaise affronter résolument les tristes nécessités de la guerre civile, se déployer, si spontanée, si énergique, j'ai pensé que le moment était venu d'écrire mon drame.

En effet, au sein des orages révolutionnaires, tout homme qui aime son pays doit se bien pénétrer qu'il a une mission à remplir, qu'il lui faut apporter une pierre pour consolider l'édifice social sapé jusque dans ses fondements. Cette pierre, je voulais l'apporter aussi dans les limites de mes forces; car, le jour où l'on dépose le fusil après le rétablissement de l'ordre, c'est aux écrivains surtout de s'efforcer de réparer le mal causé par les écrivains. La plume est ce levier d'Archimède qui, bien appliqué, peut soulever puissamment le monde, mais qui, manquant son point d'appui, le précipite dans les abîmes.

Personne plus que moi n'a gémi de voir les chefs de nos écoles littéraires (les plus belles intelligences du siècle), tantôt déserter leur drapeau, se jeter dans la révolution en travestissant l'histoire, pour y perdre la popularité qu'ils ambitionnaient; tantôt gaspiller les dons les plus magnifiques que Dieu puisse accorder à l'homme, en écrivant des œuvres indignes et de leur plume et de leur nom. C'est à ces tristes aberrations de l'esprit humain que nous devons tant de commotions qui nous brisent.

Depuis dix-huit ans, la littérature, surtout la littérature dramatique, a battu en brèche tout ce qu'il y a de saint et de sacré dans la société. Elle n'a rien respecté. Le théâtre est devenu une école de scandale, de crime et d'immoralité; l'histoire, un roman perfide et dangereux; le roman, une ordure.

PRÉFACE.

Paradoxes monstrueux, épouvantables maximes, doctrines insensées, perverses, tableaux immondes, vices odieux, corruption effrénée, tout a été présenté au public, professé, sans pudeur et sans réserve, dans un style qui fait rougir deux fois la langue du siècle de Louis XIV. Rien n'a pu arrêter le débordement, la débauche, que dirai-je pour mieux rendre ma pensée? la forfaiture de l'imagination.

Puisque la littérature n'est que l'expression de nos mœurs, comment voudrait-on qu'une nation pût voir ses mœurs s'améliorer, lorsque grands et petits vont se repaître d'un spectacle qui déprave le cœur et l'esprit, dégrade les meilleurs instincts, pervertit les sentiments, abolit surtout chez le peuple le sens moral.

Le peuple n'analyse pas, il assimile. Qu'on se pénètre bien d'une chose, c'est que la décadence des sociétés accompagne ou suit de près la décadence des lettres et des arts. Si l'on en veut une preuve, pour rester dans le domaine des faits révolutionnaires, que l'on juge seulement, au point de vue littéraire et musical, trois chants sortis de trois révolutions, la *Marseillaise*, la *Parisienne*, les *Girondins* de 1848; puis, que l'on me dise les résultats politiques qu'ils ont produits.

Ne serait-il pas temps de remettre la vérité dans l'histoire, l'honnêteté dans la littérature, dans le théâtre, et par conséquent dans la société ?

Intimement convaincu de la puissance de la musique unie à la poésie, j'ai longtemps rêvé de m'associer un musicien en communauté d'idées avec moi, pour composer, dans un but de moralisation, des chants véritablement nationaux, qui, reportés du théâtre dans l'atelier, pussent y détrôner ces abominables rapsodies, sans art et sans nom, enfantées par la haine, et qui deviennent tôt ou tard le levain des révolutions. Chanter la liberté, rien de mieux chez un peuple libre, mais la liberté exempte des excès de la licence: telle était ma pensée.

Ce collaborateur que je cherchais, je l'ai trouvé dans un talent et un nom chers à la Normandie, en mon ami Adrien Boïeldieu, qui compte déjà tant et de si beaux succès dans les salons et au théâtre.

C'est ainsi que dans les mêmes vues, pour le même but, nous avons composé l'opéra national d'Alain Blanchart, et que dans une pensée de reconnaissance, de patriotisme et de dévouement, nous l'avons dédié à la ville de Rouen.

D'autre part, au moment où il est question de la liberté des théâtres, il nous paraissait nouveau d'écrire un opéra pour la province, et d'être les premiers à l'affranchir, de ce côté, du joug de Paris.

Alain Blanchart, c'est le poème de la garde nationale rouennaise, c'est un hommage rendu aux énergiques volontaires de l'ordre dans la liberté.

Maintenant, pièces en main, deux mots d'histoire au public.

Le jeudi 15 octobre 1849, par l'entremise et en présence de mon ami Arondel, j'obtiens audience de M. le directeur du théâtre de Rouen. Je lis mon scénario et deux scènes importantes terminées. Parole est immédiatement donnée et renouvelée de monter la pièce pour le mois de mars ; promesse est faite également d'adresser à l'administration municipale une demande de fonds pour la mise en scène.

Le vendredi 23 novembre, le poème, entièrement achevé, est lu et accepté. Je me hâte de porter moi-même le manuscrit à Boïeldieu, qui laisse de côté un autre ouvrage, pour se mettre à l'œuvre jour et nuit.

Jusqu'ici, l'auteur et le compositeur, cela est à remarquer, travaillent sur un simple engagement d'honneur. Une lettre de Boïeldieu, écrite toute de cœur, reste sans réponse, parce qu'on ignore son adresse, bien qu'à la rigueur certains noms n'en aient pas besoin.

Enfin M. le directeur s'engage pour la première fois par écrit en me demandant *presto*, par lettre du 30 décembre, le premier acte que je lui annonce être prêt et que Boïeldieu ne veut pas, avec raison, livrer avant d'avoir reçu réponse à sa lettre, si flatteuse pour la direction. Réponse est faite, et le manuscrit du premier acte arrive dans les premiers jours de janvier 1850. Le croirait-on? il est immédiatement renvoyé au compositeur, toutefois (c'est justice à rendre), sans qu'il ait été tiré de son enveloppe. Que veut dire ceci ? Que se passe-t-il donc? Est-ce ainsi que, dans la ville natale de Boïeldieu, on doit en agir envers son fils?

Le 8 janvier, on m'écrit (pareille chose est annoncée à mon collaborateur), qu'un malentendu va nous arrêter court. M. le directeur a espéré que M. Boïeldieu enverrait rôles et parties copiés, tandis qu'il n'a compris envoyer que la partition manuscrite; cela nécessiterait 5 ou 600 fr. au moins de dépense. On me prie de m'entendre *sur ce chapitre* avec le compositeur, car il serait impossible d'obtenir de la commission une dépense que sa caisse ne lui permet pas de faire.

Etait-ce donc à un auteur de prévoir qu'un pareil malentendu pût surgir? Pourquoi n'en avoir pas parlé plus tôt? Qui donc peut assimiler un compositeur à un copiste, lors même que le temps ne manquerait pas pour écrire et copier à la fois tous les rôles d'une partition? Quel est le théâtre ou la ville qui ne possède pas de copistes? Est-ce donc aux auteurs à payer leur gloire? Si cela a pu se dire de la France du haut de la tribune parlementaire, cela peut-il se dire des artistes, surtout lorsque, dignité à part, ils viennent dans leur pays offrir une œuvre importante à un théâtre qui leur répond par un tel accueil? Les pourquoi et les parce que, dans toute cette affaire, je n'ai pas besoin de les dire : il me suffit de les pressentir ou de les connaître.

Et la promesse d'intéresser la municipalité rouennaise à la représentation de l'opéra, qu'est-elle devenue? Rien n'a été fait, tout est à faire.

C'est alors seulement que, stimulé par mes reproches, M. le directeur formule sa demande ; nous la portons à M. le maire de la ville de Rouen, qui m'accueille avec la bienveillance qui le caractérise, la courtoisie et l'urbanité qui conviennent au premier magistrat d'une grande cité. Par ses soins, le soir même, le conseil est saisi de cette affaire ; une commission est nommée. Mais ce que je prévoyais arrive : malgré toutes les sympathies et l'empressement de l'administration, l'état des finances ne permet pas de grever le budget d'une nouvelle allocation, si minime qu'elle soit. M. le secrétaire de l'administration du théâtre, en l'absence de M. le directeur, me fait savoir, par lettre du 22 janvier, que M. le maire et MM. les membres du conseil municipal ont décidé par un arrêté que, vu l'époque avancée de l'année théâtrale, on ne peut, quant à présent du moins, voter la somme nécessaire pour faire représenter Alain Blanchart ; que ces messieurs désirent prendre connaissnce du poème avant de se prononcer.

Il m'était désormais clairement démontré que toute démarche devenait inutile, qu'Alain Blanchart ne serait pas représenté.

J'ai dû me résigner !

En terminant cependant, je suis heureux d'adresser tous mes remercîments à l'auteur inconnu d'un article inséré dans le journal de Rouen du 14 janvier. Les lignes bienveillantes qu'il consacrait au fils de Boïeldieu ont dû adoucir pour lui l'amertume de certains procédés peu gracieux, qui contrastent avec l'accueil fait ordinairement aux artistes de Paris, surtout à un nom dont les Rouennais sont fiers, et pour lequel ils ont un culte.

Je remercie M. le maire de la ville de Rouen et l'administration municipale tout entière d'avoir bien voulu interrompre un instant le cours de leurs hautes préoccupations pour examiner la demande formée, par M. le directeur, d'une somme destinée à monter dignement l'opéra d'Alain Blanchart. Les embarras financiers qui, depuis la révolution de février, ont entravé tous les services dans nos cités et compromettent l'avenir, n'ont pas permis d'accueillir favorablement cette demande. Dans un temps où tout est en question, je conçois parfaitement que les arts sont mal venus à réclamer une allocation quelconque. J'apprécie cela fort bien, tout en le regrettant, car, sous cette question d'art, si peu nécessaire en apparence, se cachait, j'ose l'affirmer, un intérêt puissant d'utilité publique. La ville de Rouen eût possédé une page de son histoire, digne par l'effet de la mise en scène et de la musique, d'être offerte aux hôtes illustres qui, monarchie ou république, n'ont jamais manqué de la visiter.

L'administration eût rencontré peut-être, est-il défendu de le croire ? un auxiliaire, un élément de plus pour le maintien de l'ordre et de la tranquillité, dans une œuvre qui n'avait d'autre ambition que de rallier tous les partis, tous les cœurs sur le terrain de l'honneur national, d'entretenir dans la population cette généreuse et salutaire ardeur qu'évoque toujours après lui le souvenir des grandes gloires et des grandes luttes de nos ancêtres. Le public, et il se trouve encore à Rouen des descendants des héros du siége de 1418, eût trouvé une source de nouveaux plaisirs, en écoutant les mélodies répandues sur ce drame patriotique par l'héritier d'une lyre célèbre et populaire. Le théâtre, enfin, ce théâtre qui doit tant au génie de Boïeldieu, et qui vient de montrer si peu d'égards envers son fils, eût pu trouver pour l'existence de son personnel une abondante source de prospérité.

Ces questions que j'envisageais de haut et que, comme auteur de la pièce, il ne m'était pas permis de faire valoir auprès de l'administration, n'aurait-on pas pu les résoudre au moyen d'une faible subvention accordée, et reprise sur les représentations? Que l'on suppose mille écus accordés à un directeur quelconque; en stipulant 100 ou 200 francs par représentation, en 15 ou 30 soirées la somme rentrait dans la caisse municipale. C'était une avance faite par la ville, et dont le résultat, (je ne sais si je ne m'abuse, toutefois l'illusion est permise aux poëtes,) eût dépassé peut-être toute espérance.

J'adresse principalement tous mes remerciments à M. Chéruel que Paris vient de nous enlever, qui, depuis deux ans, dans un sentiment plus que bienveillant, a eu la bonté de s'intéresser aux travaux de son élève, de me confier le seul exemplaire qu'il ait conservé de son histoire de la commune de Rouen pendant la domination anglaise. Ce livre, les conseils et les encouragements de son auteur m'ont été précieux. Tout ce que je dois donc au savant et modeste commentateur des mémoires d'Olivier d'Ormesson, je suis heureux de l'exprimer ici, de lui donner un témoignage public de ma haute estime et de ma reconnaissance. Je me suis efforcé, autant que je l'ai pu, de m'inspirer de ce profond et consciencieux esprit de nationalité qui respire dans sa parole et dans ses ouvrages. Dans les hautes sphères de l'enseignement où son talent l'appelle, il apprendra, je n'en doute pas, avec regret, le sort de *notre* Alain Blanchart, de cette œuvre pour ainsi dire collective, où l'historien, le poète et le musicien, appartenant tous trois à la Normandie, ont voulu retracer et chanter l'héroïsme de nos pères.

A mon excellent ami Jules Arondel, toujours si dévoué, toute ma gratitude pour les nouveaux services qu'il m'a rendus dans cette affaire dont il a été témoin! C'était bien certainement pour les âmes aussi pures, aussi désintéressées, que Lafontaine écrivait ses beaux vers sur l'amitié.

Enfin, à Boïeldieu lui-même, tous mes regrets de l'avoir engagé dans un travail sans résultat! J'espère cependant qu'il ne sera pas entièrement perdu. D'ailleurs, cette nouvelle et longue collaboration, ce commun désenchantement, n'auraient-ils servi qu'à resserrer les liens d'estime et d'amitié qui nous unissent, qu'il n'y aurait peut-être pas lieu de regretter entièrement de n'avoir pas réussi.

Quant à moi, trop obscur pour me plaindre, je ne me décourage pas. Je rentre dans le silence, pour reprendre mes travaux trop longtemps interrompus. Mais il est une chose qui ne me quittera qu'avec la vie, c'est le désir et la volonté, tant que j'aurai l'honneur de tenir une plume, de consacrer à mon pays le peu de forces et de talent dont je puis disposer, d'apporter dans la noble profession des lettres toute l'honnêteté que je sens dans mon cœur.

Damps (Eure), Avril 1850.

ALAIN BLANCHART

ou

LE SIÉGE DE ROUEN EN 1418,

Drame Lyrique National en trois actes.

Personnages de la Pièce :

ALAIN BLANCHART, capitaine des arbalétriers.
ROBERT DELIVET, chanoine vicaire-général de l'archevêque Louis de Harcourt.
JEAN JOURDAIN, commandant des canonniers.
GUY LE BOUTEILLER, capitaine de la ville et du château.
HENRI V, DE LANCASTRE, roi d'Angleterre, au premier et au second acte sous l'armure et le nom de sir GILBERT UMFREVILLE, capitaine anglais.
RAOUL, fils d'un drapier de la ville, fiancé de Mathilde.
MATHILDE, fille d'Alain Blanchart, fiancée de Raoul.
GUILLAUME DE HOUDETOT, bailli.
JEAN SEGNEULT, exerçant les fonctions de Maire.
SEIGNEURS ARMAGNACS et BOURGUIGNONS, composant la garnison.
ÉCHEVINS et BOURGEOIS DE ROUEN.
GENS DES COMMUNES.
SOLDATS ANGLAIS.

La scène se passe au commencement de l'année 1419.

ACTE PREMIER.

Le théâtre représente le parvis de Notre-Dame, tel qu'il était au XVe siècle ; au fond, on voit le portail de l'Église Métropolitaine. L'aspect de la place est celui d'une ville en proie à la famine, aux horreurs de la guerre et d'un long siége. Au lever du rideau, les hommes et les femmes du peuple sont agenouillés, les bourgeois armés et les chevaliers se tiennent debout, appuyés sur leurs armes. Guillaume de Houdetot, bailli, et Jean Segneult, maire, sont à la tête des échevins.

SCÈNE I.

ALAIN BLANCHART, MATHILDE, ROBERT DELIVET, JEAN JOURDAIN, GUY LE BOUTEILLER.

INTRODUCTION.

CHOEUR.

O Dieu puissant, exauce les prières
De malheureux qui, sans toi, vont périr ;
Daigne jeter les yeux sur nos misères,
Rends-nous, Seigneur, rends-nous des jours
[prospères ;
Que ta bonté daigne nous secourir !

LES FEMMES.

Prends pitié de notre détresse,
De nos époux, de nos enfants.

LES HOMMES.

Frappe de ta main vengeresse
Tous nos ennemis triomphants.

LES BOURGEOIS.

Donne-nous, Seigneur, la victoire,
Pour prix de tant de maux soufferts.

LES CHEVALIERS.

S'il nous faut succomber, mourons, mais avec
[gloire,
Et que jamais l'Anglais ne nous donne de fers.

REPRISE DU CHOEUR.

O Dieu puissant, exauce les prières
De malheureux qui, sans toi, vont périr;
Daigne jeter les yeux sur nos misères,
Rends-nous, Seigneur, rends-nous des jours
[prospères;
Que ta bonté daigne nous secourir !

ROBERT DELIVET.

Amis, c'est bien, en Dieu mettez votre espérance,
Et que vos chants pieux montent vers l'Eternel.

JEAN JOURDAIN.

Lui seul peut alléger notre dure souffrance.

ROBERT DELIVET.

En nous sauvant, il sauvera la France!

MATHILDE, à part.

Et Raoul qui devait être ici pour Noël!
Ah! je tremble pour lui, pour notre délivrance.

ALAIN BLANCHART.

D'une antique cité défenseurs généreux,
Chevaliers et bourgeois, soldats si valeureux,
Dieu voudra protéger une si sainte cause.
C'est sur lui, c'est sur vous que le succès repose:
Espérez, vos efforts vont être plus heureux.

Un message au duc Jean, que le peuple vénère,
Le presse d'accourir comme il nous l'a promis.
Sa parole est sacrée, et dans peu, je l'espère,
Il va venir....

GUY LE BOUTEILLER, à part et sourdement.

Peut-être....

ALAIN BLANCHART.

Et sauver ses amis.
Et puis, pour terminer ces guerres si fatales,
La cité d'Amiens (1), notre fidèle sœur,
Arme, honneur éternel ! contre notre oppresseur,
Ses légions provinciales.

Oui, la France se lève au signal du danger,
Et veut sauver son sol souillé par l'étranger.

ROMANCE.

I.

Rouen, berceau de mon enfance,
Toi, mon orgueil et mes amours,

Ah! que j'aime, pour ta défense,
A te consacrer tous mes jours !
L'ennemi nous a fait connaître
Ce que nous réserve sa loi ;
Tu ne changeras pas de maître,
Tant que ce cœur battra pour toi.

Un perfide ennemi veut, dans son arrogance,
A Charles, notre roi, malheureux en démence,
Ravir sa ville ; mais, tant que j'aurai ce bras,
Ce complot, ô Rouen ! ne s'accomplira pas.

II.

A l'honneur tu seras fidèle,
La France a reçu tes serments :
Aux Anglais, non, ta main rebelle
Ne peut livrer tes monuments.
Rouen, pour te sauver peut-être,
Tes fils se lèvent comme moi ;
Tu ne changeras pas de maître,
Tant que ce cœur battra pour toi.

TOUS LES ASSISTANTS, excepté GUY LE BOUTEILLER.

Tu ne changeras pas de maître,
Tant que nos cœurs battront pour toi.

ALAIN BLANCHART.

Maintenant, aux remparts il est temps de se rendre:
Que jamais l'ennemi ne puisse nous surprendre.

MATHILDE.

Mon père, un mot : Raoul...

ALAIN BLANCHART.

Je l'attends.

MATHILDE.

J'en mourrai.

GUY LE BOUTEILLER, à part.

Mathilde va rester; dans peu je reviendrai.

✿✿✿✿✿✿✿✿✿✿✿✿✿✿✿✿✿✿✿✿✿✿✿✿✿

SCÈNE II.

MATHILDE, seule.

RÉCITATIF.

Pour aller à Beauvais réclamer assistance
Du duc Jean et du roi, Raoul s'est éloigné :
Comptant sur sa valeur, ses chefs l'ont désigné.
Mais qu'est-il devenu, las! depuis son absence?

ROMANCE.

Quand il partit, mon fiancé
M'avait dit : « Mathilde chérie,
« Avant que Noël soit passé,
« J'aurai revu notre Neustrie. »
Hélas ! je l'attends chaque jour,
Et Raoul n'est pas de retour.

---

(1) Depuis que M. Chéruel a publié son histoire de la *Commune de Rouen au XVᵉ siècle*, on a trouvé et on lui a remis un document d'où il résulte que la ville d'Amiens était prête à se porter au secours des Rouennais. Le temps n'a pas amorti cette vieille amitié des deux villes, cette spontanéité devant le danger ; les événements de juin 1848 l'ont prouvé.

Il y a un rapprochement à faire entre cette ligue des villes du moyen-âge se portant mutuellement secours, et le mouvement de toutes les gardes nationales de France pendant les jours d'émeute.

ACTE I, SCÈNE II.

Ah! que ma voix plaintive,
Seigneur, vers vous arrive;
Veillez sur mes amours,
Ou bien prenez mes jours.

Pourquoi s'est-il chargé d'un périlleux message?
Un autre l'eût rempli, c'eût été bien plus sage.
Ah! la crainte m'agite; aura-t-il succombé?
Dans les mains des Anglais ou bien est-il tombé?
De ce doute cruel la mortelle souffrance
A porté dans mon cœur et le trouble et l'effroi...
Mais non, c'est impossible, il revient près de moi;
Une voix me le dit, oui, j'en ai l'espérance.

II.

Pour qu'il revienne près de moi,
J'invoque la vierge Marie;
Quand en son pouvoir on a foi,
Auprès de son fils elle prie.

Et pourtant j'attends chaque jour,
Car Raoul n'est pas de retour.

Ah! que ma voix plaintive,
Seigneur, vers vous arrive,
Veillez sur mes amours,
Ou bien prenez mes jours.

Se retournant à l'approche du gouverneur.

Serait-ce lui, grand dieu? Non, c'est ce gouver-
Qui m'obsède. Fuyons...   [neur

SCÈNE III.

MATHILDE, GUY LE BOUTEILLER.

GUY LE BOUTEILLER.

    De moi n'ayez point peur:
De grâce, demeurez, ô charmante inhumaine!
Avec intention.
Ah! prends bien garde, enfin, l'amour se change
                            [en haine.

MATHILDE.

Que m'importe!

GUY LE BOUTEILLER.

    En ce lieu, demeure; écoute-moi.
Non, tu ne connais pas ce cœur rempli de toi.

AIR.

Jamais chevalier plus fidèle,
Ici, ne fit serment d'amour;
Et ne vint aux pieds d'une belle,
Implorer un tendre retour.

MATHILDE.

Eh! quoi, quand l'honneur vous appelle,
Vous osez me parler d'amour;
D'un cœur, à son serment fidèle,
Implorer un tendre retour!

GUY LE BOUTEILLER.

Ah! laisse-toi fléchir, en ce moment suprême;
Dis un mot: tu seras femme d'un gouverneur.
Que l'on va t'envier!..

MATHILDE.

    Merci d'un tel honneur:
Raoul a mon amour, et c'est lui seul que j'aime.
Je suis sa fiancée, et l'honneur me défend
D'écouter plus longtemps vos aveux...

GUY LE BOUTEILLER.

                Mais, enfant,
Sais-tu que ce Raoul, que ton cœur me préfère,
N'est qu'un marchand?...

MATHILDE, *avec dignité.*

    Qui vaut mieux que tel chevalier.

DUO.

GUY LE BOUTEILLER.

Jusqu'à moi je t'élève,
Et pour prix de ton cœur,
La grandeur, ce beau rêve,
Va faire ton bonheur.

MATHILDE.

Le rang qui vous élève,
Ne séduit pas mon cœur;
Je sais un plus doux rêve,
Qui fait tout mon bonheur.

GUY LE BOUTEILLER.

Tu peux te repentir...

MATHILDE.

    Jamais.

GUY LE BOUTEILLER.

          Crains ma colère.

MATHILDE.

J'ai mon père et Raoul...

GUY LE BOUTEILLER.

        Tu m'oses défier!
Sourdement.
Va, ne t'expose pas, ingrate, à ma vengeance;
Car, dans peu, tu sauras jusqu'où va ma puissance.

MATHILDE.

Ici, vous commandez; mais jamais votre voix
Ne peut contraindre un cœur d'obéir à vos lois.

REPRISE.

GUY LE BOUTEILLER.

Jamais chevalier fidèle,
Réclamant un tendre retour,
Ici, ne reçut de sa belle
Un tel affront pour son amour.

MATHILDE.

Eh! quoi, quand l'honneur vous appelle,
Vous osez me parler d'amour!
D'un cœur à son serment fidèle,
N'attendez jamais de retour.

SCÈNE IV.

GUY LE BOUTEILLER, seul.

Fière beauté, Mathilde, ah! ton indifférence
Te prépare en ce jour des regrets superflus;
En servant les projets du nouveau roi de France,
Je saurai me venger... Allons, n'hésitons plus.
Mais trahir son pays!.. Pourquoi pas, si j'y gagne?
Puisque dans ce royaume, où régna Charlemagne,
Chacun n'a désormais pour soi d'autre souci
Que de faire sa part, faisons la nôtre aussi.

AIR.

L'âpre sommet de la fortune
Devant moi semble s'aplanir;
Et si le remords m'importune,
Loin de moi je veux le bannir.

Cité, témoin de mon outrage,
Oui, je te livre à l'étranger,
Et si ta perte est mon ouvrage,
Je suis heureux de me venger.

Sous l'armure et le nom de Gilbert Umfreville,
Le roi, conduit par moi, va venir dans la ville,
Nous nous entendrons mieux; courons le prévenir
Que Rouen, aux abois, ne peut longtemps tenir.

AIR.

Plus de retard, plus de faiblesse;
L'Anglais me promet beaucoup d'or,
Et s'il me donne la richesse,
Il me réserve mieux encor.

Grandeur, dignités et puissance,
Sur moi désormais vont pleuvoir;
Pour le servir, le roi de France
Ne donne pas même un espoir.
A l'évidence il faut se rendre,
Et sur soi-même avoir les yeux :
L'habileté, c'est de se vendre
A qui saura payer le mieux.

Plus de retard, plus de faiblesse;
L'Anglais me promet beaucoup d'or,
Et s'il me donne la richesse,
Il me réserve bien mieux encor.

Cris du peuple dans la coulisse.

Noël! Noël!

GUY LE BOUTEILLER.

Quel bruit! Tout le peuple s'empresse
Et paraît éprouver une vive allégresse.
Ciel! Raoul. Écoutons...

RAOUL, dans la coulisse.

Encore quatre jours,
Amis, nous allons voir paraître des secours.

GUY LE BOUTEILLER.

Agissons, il est temps; Raoul, va, ton ivresse
Durera peu de temps, ainsi que tes amours.

Il sort.

SCÈNE V.

RAOUL, MATHILDE, ALAIN BLANCHART, JEAN JOURDAIN, GUILLAUME DE HOUDETOT, JEAN SEGNEULT, ÉCHEVINS, BOURGEOIS, CHEVALIERS, PEUPLE.

CHŒUR DU PEUPLE.

Noël! Noël! liesse et joie!
Nous allons cesser de souffrir,
Car notre bon roi nous envoie
Le duc Jean pour nous secourir.

RAOUL.

Chère Mathilde, enfin c'est ta main que je presse.

MATHILDE.

Raoul, mon bien-aimé, c'est toi que je revois.

ALAIN BLANCHART.

Allons, nos amoureux, à plus tard la tendresse;
Vous parlerez tout bas, enfants, une autre fois.
(A Raoul.)
Mais apprends-nous ici ce qui nous intéresse.

RAOUL.

J'arrive de Beauvais, où le roi tient sa cour,
Entouré des seigneurs qui forment sa noblesse;
Le duc Jean était là. Sans crainte et sans fai-
[blesse
J'élève ainsi la voix dans le royal séjour :

« Sire roi, noble duc, et vous seigneurs de
[France,
« Vos bourgeois de Rouen vous font savoir à
[tous,
« Pour la dernière fois, les maux et la souffrance
« Que, comme des héros, ils subissent pour vous.

BALLADE.

I.

« Rouen, l'honneur de la Neutrie,
« Attend en vain votre secours ;
« Si vous tardez encore huit jours,
« C'en est fait de notre patrie.
« Oui, faute par vous d'accourir,
« Tant de braves gens vont périr.
« Mais de leur part je viens vous dire
« Qu'en mourant ils vont vous maudire.

ACTE I, SCÈNE V.

« Vous rendre pour l'éternité
« Leur serment de fidélité. »
(A Mathilde.)
Au milieu des périls, toujours à ma pensée
Mathilde était présente...

MATHILDE.

Enfin, tu m'es rendu !

ALAIN BLANCHART.

Allons, mon fils, allons, laisse ta fiancée,
Et dis-nous sans retard ce qu'on t'a répondu.

RAOUL.

II.

« Le roi m'a dit : sur l'Evangile,
« Dans quatre jours, s'il plaît à Dieu,
« Nous jurons de quitter ce lieu
« Pour sauver notre bonne ville.
« Sire, songez-y cette fois,
« Vos bourgeois parlent par ma voix.

« Car de leur part je viens vous dire,
« Qu'en mourant ils vont vous maudire,
« Vous rendre pour l'éternité
« Leur serment de fidélité. »

SCÈNE VI.

LES PRÉCÉDENTS, GUY LE BOUTEILLER.

GUY LE BOUTEILLER.

En nos murs envoyé par le roi d'Angleterre,
Sir Umfreville, ici, vient en parlementaire.

ALAIN BLANCHART, à part.

Je ne sais quel soupçon contre ce gouverneur
S'élève en moi soudain...

GUY LE BOUTEILLER, au roi qui entre précédé d'un héraut
aux armes d'Angleterre.

Avancez-vous, seigneur.

SCÈNE VII.

LES PRÉCÉDENTS, LE ROI D'ANGLETERRE sous l'armure
et le nom de SIR GILBERT UMFREVILLE, capitaine anglais.

LE ROI.

Touché de vos malheurs et de votre courage,
Pour mettre un terme aux maux dont s'afflige
[son cœur,
Mon roi veut en ce jour vous apporter un gage
De la clémence offerte à vous par le vainqueur.

ALAIN BLANCHART.

Lui vainqueur, pas encor.

LE ROI.

Par moi sir Umfreville,
Il reçoit à merci Rouen, mais, dès demain,
Seront livrés Blanchart, Delivet, Jean Jourdain;
De plus, audit seigneur, pour rançon de la ville,
Trois cent mille écus d'or seront comptés sou-
[dain.

ALAIN BLANCHART, au roi.

Oses-tu bien, ici, proposer l'infamie ?

TOUT LE PEUPLE.

Nous préférons la mort.

ALAIN BLANCHART, au roi.

Entends-tu cette voix ?
Ah ! s'il n'était que moi, je donnerais ma vie.
Mais ce peuple répond, tu l'entends, tu le vois.

Ton roi ne sait donc pas qu'ici nul ne l'implore;
Il nous estime haut, mais sans doute il ignore
Que nous sûmes toujours défendre avec fierté
Nos franchises, nos droits, nos rois, la liberté.

Toi, sir Gilbert, va dire à celui qui t'envoie
Que nous avons toujours vaincu les oppresseurs,
Et que jamais nos murs ne deviendront sa proie,
Tant qu'il leur restera de vaillants défenseurs ;
Qu'ici, s'il veut régner contre les lois divines,
Il régnera sur des ruines.

TOUT LE PEUPLE.

Oui, nous le jurons tous et du fond de nos cœurs.

SCÈNE VIII.

LES PRÉCÉDENTS, ROBERT DELIVET.

Les portes de la cathédrale s'ouvrent, l'orgue se fait entendre,
les cloches sonnent en volée ; Robert Delivet s'avance, revêtu de ses habits sacerdotaux, avec la pompe et l'appareil d'un clergé nombreux et puissant.

ROBERT DELIVET.

Anathème sur votre armée,
Anglais, anathème sur vous !
Que la main du Seigneur ne soit jamais armée,
Que pour vous écraser du poids de son courroux.
Que sans clémence,
Dans l'avenir,
Le Seigneur lance,
Pour vous punir,
Sur vous et votre roi les maux et la souffrance,
Dont, hélas ! le ciel voit tout un peuple gémir.

LE CHŒUR répète.

Anathème sur votre armée,
Anglais, anathème sur vous !
Que la main du Seigneur ne soit jamais armée,
Que pour vous écraser du poids de son courroux.

ALAIN BLANCHART, ROBERT DELIVET, JEAN JOURDAIN, RAOUL, GUILLAUME DE HOUDETOT, JEAN SEGNEULT, s'avançant.

SEXTUOR.

Oui, nous jurons de vous défendre,
Murs sacrés si chers à nos cœurs;
Ou vous serez réduits en cendre,
Ou bien nous resterons vainqueurs.
Sol sacré de l'indépendance,
Jamais l'orgueil, ni l'insolence
De l'Anglais ne te foulera,
Tant qu'en nos cœurs il restera
Du sang à verser pour la France.

Si parmi nous il est des traîtres,
Qu'ils aillent vers leurs nouveaux maîtres;
Mais, quant à nous, nous préférons
Mourir ici, nous le jurons.

Oui, nous jurons de vous défendre,
Murs sacrés si chers à nos cœurs;
Ou vous serez réduits en cendre,
Ou bien nous resterons vainqueurs.

LE ROI.

Donc, vous repoussez la clémence,

LE SEXTUOR.

Nous repoussons la lâcheté.

LE ROI.

Et vous choisissez la vengeance.

LE SEXTUOR.

Nous choisissons la liberté.

CHOEUR GÉNÉRAL.

Oui, nous jurons de vous défendre,
Murs sacrés si chers à nos cœurs;
Ou vous serez réduits en cendre,
Ou bien nous resterons vainqueurs.

LE ROI, GUY LE BOUTEILLER, à part.

C'est en vain qu'ils veulent défendre
Des remparts si chers à leurs cœurs;
Ils seront réduits à les rendre
A de plus habiles vainqueurs.

L'orgue et les cloches redoublent ; leurs sons et leurs volées se mêlent au chœur général. La toile tombe sur ce tableau.

ACTE SECOND.

Le théâtre représente l'intérieur de la maison d'Alain Blanchart. La plus grande simplicité règne dans cette demeure.

SCÈNE I.

LE ROI D'ANGLETERRE, GUY LE BOUTEILLER.

GUY LE BOUTEILLER.

Sire, d'Alain Blanchart c'est ici la demeure ;
Je l'ai fait prévenir.

LE ROI.

Et viendra-t-il?

GUY LE BOUTEILLER.

Sur l'heure.

LE ROI.

C'est bien, je suis content de toi, Guy Bouteiller:
Tu me sers en ce jour en digne chevalier.

GUY LE BOUTEILLER.

Je vous suis dévoué, c'est là ma récompense.

LE ROI.

Mais ton zèle empressé mérite un prix, je pense,
Et de cette cité je te fais gouverneur.
Lui donnant un parchemin.
Je reçois ton serment.

GUY LE BOUTEILLER.

Ah! merci, monseigneur.

DUO.

GUY LE BOUTEILLER.

Recevez mon obéissance,
Je suis à vous jusqu'au trépas ;
Comptez sur ma reconnaissance.
A vous mon sang, à vous mon bras.

LE ROI.

Je reçois ton obéissance,
Tu m'appartiens jusqu'au trépas;
J'achète ta reconnaissance.
Pour mes bienfaits, à moi ton bras.

LE ROI.

De plus, parmi les pairs que compte l'Angleterre.
Tu prends rang.

GUY LE BOUTEILLER.

Se peut-il?

LE ROI.

Et je te donne aussi
La Jarretière.

GUY LE BOUTEILLER.

O ciel !

ACTE II, SCÈNE I.

LE ROI.
Es-tu content ?

GUY LE BOUTEILLER.
Merci,
Seigneur.

LE ROI.
Devant ton roi mets les genoux en terre.

Guy le Bouteiller s'agenouille pour recevoir l'investiture. Le roi le touche du plat de son épée.

A part.
C'est bien. Qu'un homme est vil quand il se vend
[ainsi.

REPRISE.
GUY LE BOUTEILLER.
Recevez mon obéissance,
Je suis à vous jusqu'au trépas;
Comptez sur ma reconnaissance :
A vous mon sang, à vous mon bras.

LE ROI.
Je reçois ton obéissance,
Tu m'appartiens jusqu'au trépas;
J'achète ta reconnaissance :
Pour mes bienfaits, à moi ton bras.

Le roi congédie par un geste Guy le Bouteiller, qui sort en s'inclinant servilement.

SCÈNE II.
LE ROI seul.

Isabeau de Bavière, en m'appelant en France,
Proclame du Dauphin, son fils, la déchéance;
Le duc Jean, en secret, déjà traite avec moi;
Charles Six a régné, c'est moi qui suis le roi.

Mais Rouen tient encor en échec ma conquête,
Un seul homme en ces murs me résiste aujourd'hui;
Tâchons de le gagner en lui laissant la tête :
S'il ose résister, alors, malheur à lui.

AIR.
Je triomphe, enfin la victoire
Me livre ce noble pays;
Par ma valeur et pour ma gloire,
Le Léopard s'unit au Lys.

Je vais inscrire dans l'histoire
Mon nom, mon règne et mes exploits;
Et de mes hauts faits la mémoire
Me met au rang des plus grands rois.

Les Normands ont, en Angleterre,
Suivi leur duc ambitieux;
Je reporte sur cette terre
La conquête de leurs aïeux.

Je triomphe, enfin la victoire
Me livre ce noble pays;
Par ma valeur et pour ma gloire,
Le Léopard s'unit au Lys.

SCÈNE III.
LE ROI D'ANGLETERRE, ALAIN BLANCHART.

ALAIN BLANCHART, entrant.
Sir Gilbert Umfreville, ici, dit-on, me mande ?

LE ROI.
Il est vrai.

ALAIN BLANCHART.
Me voici : j'écoute sa demande.

LE ROI.
Vous avez de mon maître enflammé le courroux,
Alain.

ALAIN BLANCHART.
J'en suis heureux, et sa haine m'honore.

LE ROI.
Vous êtes fier et brave... Il dépendra de vous
Qu'en son grand cœur il vous pardonne encore.

ALAIN BLANCHART, avec dédain.
Il est bien bon.
LE ROI, se rapprochant et changeant de ton.
Reconnais-le pour roi,
Il te sauve...

ALAIN BLANCHART.
Ah ! grand Dieu ! reconnaître.....
[qui, moi,
Pour souverain de ce noble royaume,
L'Anglais, conquis par nous, par notre duc
[Guillaume,
L'Anglais, notre ennemi, qui, sans pitié, sans foi,
Voulut toujours et veut nous imposer sa loi...
Jamais.

LE ROI.
Reviens.

ALAIN BLANCHART.
Qui, moi, libre, sur cette terre,
Je serais le vassal de ton roi d'Angleterre,
Que je hais !...

LE ROI.
Malheureux !

ALAIN BLANCHART.
Que m'as-tu proposé ?
Sais-tu qu'Alain Blanchart te trouve bien osé ?

Pour que si noire félonie
Puisse jamais souiller mon cœur,
Avant, il faut que je renie
Dieu, sa loi, la France et l'honneur.
Eh ! que me fait à moi la vie;
N'est-il pas plus beau de mourir ?

Quand l'indépendance est ravie,
Qui put forfaire doit périr.

LE ROI.

Ce n'est pas une félonie,
Que je propose à ton grand cœur;
Je ne veux pas que l'on renie
Dieu, sa loi, la France et l'honneur ;
Mais je viens t'apporter la vie,
Te sauver, car tu vas périr.
Quand l'indépendance est ravie,
On peut, crois-moi, ne pas mourir.

Je t'admire...; mais vois enfin ton impuissance :
Aucun secours ne vient.

ALAIN BLANCHART.

Il peut venir demain.

LE ROI.

Vain espoir !

ALAIN BLANCHART.

J'ai mon bras.

LE ROI.

Inutile défense !

ALAIN BLANCHART.

Je puis du moins périr, les armes à la main.

LE ROI.

Maître Alain, réfléchis! N'as-tu pas une fille
Que ta mort va laisser sans soutien, sans famille?
Tu l'aimes, n'est-ce pas ?

ALAIN BLANCHART.

Ma fille!... Que dis-tu?

LE ROI, à part.

Enfin, je vais fléchir sa farouche vertu.

ALAIN BLANCHART.

Oui, je possède une fille bien chère.
Toute ma joie et mon amour;
Mais il est encore, en ce jour,
Un autre bien que je préfère.

LE ROI, à part.

Il s'attendrit : il va céder.
Haut.
Et cet objet si doux....

ALAIN BLANCHART.

Tu peux le demander !
Eh! quoi, n'entends-tu pas cette voix qui me crie :
Courage, Alain, c'est l'heure du danger ;
Cours affranchir et sauver ta patrie
Du joug pesant de l'étranger ?

C'est toi qui règnes en mon âme,
Saint amour de la liberté;
Celui qui sent en soi ta flamme
Lève le front avec fierté.

France chérie,
Doux souvenir,
Sainte patrie,
S'il faut mourir,
Pour te défendre ou te servir,
Honneur à qui donne sa vie,
Mais honte à qui peut te trahir !

DUO.

ALAIN BLANCHART.

France chérie,
Doux souvenir !
Sainte patrie
S'il faut mourir,
Pour te défendre ou te servir,
Honneur à qui donne sa vie,
Mais honte à qui peut te trahir!

LE ROI.

Combats ou prie,
Vain souvenir !
Pour ta patrie
Tu vas mourir,
Car je vais bientôt l'asservir.
Oui, dussé-je y perdre la vie,
La France va m'appartenir.

LE ROI. Fausse sortie.

Avant que le sort le condamne,
A part.   Montrant une bourse.
Essayons... Pour ceci le plus brave se damne.
Haut.
Tu refuses la vie : il en est temps encor,
Malgré toi je te sauve, Alain; tiens...

ALAIN BLANCHART.

Quoi ! de l'or !
Levant son gantelet sur le roi.
Misérable !

LE ROI.

Insolent !

ALAIN BLANCHART ET LE ROI, ensemble.

D'une pareille injure ,
Par mon honneur, par ce glaive, je jure,
Ton sang impur me vengerait soudain,
Si je ne craignais pas de me souiller la main.

ALAIN BLANCHART.

Va-t-en, je te fais grâce...

LE ROI.

En ton audace extrême,
Sais-tu bien qui je suis ?...

ALAIN BLANCHART.

Eh ! que m'importe, à moi,
Quand tu serais le roi lui-même !
Tenter de m'avilir est digne de ton roi.

LE ROI, à part.

Maître Alain, désormais, point de pitié pour toi.

ENSEMBLE.

ALAIN BLANCHART.

Va-t-en, sors d'ici, traître;
Je pourrais me venger,
Et te faire connaître
Qui tu viens d'outrager.

LE ROI.

De ton sort je suis maître;
Je saurai me venger,
Et te faire connaître
Qui tu viens d'outrager.

SCÈNE IV.

ALAIN BLANCHART, MATHILDE.

MATHILDE, accourant.

Mon père, qu'avez-vous?

ALAIN BLANCHART.

Si tu savais, ma fille!...
Mais courons dans leur sang laver l'outrage amer.
Il sort.

SCÈNE V.

MATHILDE.

Ah! daignez épargner, mon Dieu, notre famille.
En quel temps vivons-nous? on ne peut plus
[aimer.
Depuis que l'ennemi nous entoure et nous presse,
Le malheur a rompu les liens les plus doux.
Il n'est plus de bonheur, plus d'amours, plus d'i-
[vresse;
On tremble à chaque instant pour un père, un
[époux.
Combien dois-tu durer, ô trop affreuse crainte?
Et nous faut-il encor adresser notre plainte
Au Ciel, dont le secours, dans notre triste sort,
Peut seul nous arracher aux périls, à la mort?

ROMANCE.

I.

Quand te verrai-je, ô noble France!
Relever au sein des malheurs,
Sous un doux rayon d'espérance,
Ton front courbé par les douleurs?
Si je n'écoutais que mon âme,
Oui, j'affronterais le danger...
Je ne suis qu'une faible femme,
Je ne puis rien pour te venger.

Eh! qui sait l'avenir? Notre belle patrie,
Par ces traîtres Anglais, si lâchement meurtrie,
Peut-être n'a besoin, pour réparer le mal,
Que d'un glaive saisi par un bras virginal.

II.

Ah! si jamais la Providence
Me choisissait pour ce dessein,
O mon pays! ta délivrance,
Je voudrais l'accomplir soudain.
Je sens en moi la sainte flamme,
Qui fait maudire l'étranger.....
Je ne suis qu'une faible femme,
Je ne puis rien pour te venger.

SCÈNE VI.

MATHILDE, RAOUL.

MATHILDE.

C'est toi, Raoul, n'as-tu pas vu mon père?
Où va-t-il?

RAOUL.

Je l'ignore.

MATHILDE.

Hélas! je désespère...

RAOUL.

Et pourquoi?

MATHILDE.

Je ne sais ce qui se passe en moi:
Je crains...

RAOUL.

Mais je suis là pour calmer ton effroi.

Mathilde, bannis tes alarmes:
Ne suis-je pas auprès de toi?
Et sur le succès de nos armes
Repose-toi donc comme moi.
Crois-moi, l'avenir plus prospère
Nous réserve de meilleurs jours;
Va, ne crains plus, bientôt ton père
Bénira nos jeunes amours.

MATHILDE.

Ta voix vient calmer mes alarmes:
C'est que Raoul est près de moi;
Oui, sur le succès de nos armes
Je me repose comme toi.
Tu crois qu'un avenir prospère
Nous réserve de meilleurs jours;
Je ne crains plus, bientôt mon père
Bénira nos jeunes amours.

RAOUL ET MATHILDE, ensemble.

Oui, l'heureuse chaîne,
Qui va nous unir,
Pour toujours enchaîne

Un doux avenir.
O bonheur suprême !
Oui, mon cœur qui t'aime
Et se donne au tien,
Le péril extrême,
La mort elle-même,
Non, il ne craint rien.

MATHILDE.

Des quatre jours prescrits par le roi, notre sire,
C'est ce soir, tu le sais, que le dernier expire :
Le roi ne paraît pas...

RAOUL.

Rien n'est encor perdu.

MATHILDE.

Et mon père, qui vient de sortir éperdu !
Que se passe-t-il donc ?

RAOUL.

Tu connais sa vaillance :
Sans doute à la commune il s'est rendu soudain,
Pour hâter le moment de notre délivrance.

MATHILDE.

Tu le crois ?

RAOUL.

Par serment, j'en lèverais la main.

Mathilde, bannis tes alarmes :
Ne suis-je pas auprès de toi ?
Et sur le succès de nos armes,
Repose-toi donc comme moi.
Crois-moi, l'avenir plus prospère
Nous réserve de meilleurs jours.
Va, ne crains plus, bientôt ton père
Bénira nos jeunes amours.

MATHILDE.

Ta voix vient calmer mes alarmes :
C'est que Raoul est près de moi ;
Oui, sur le succès de nos armes
Je me repose comme toi.
Tu crois qu'un avenir prospère
Nous réserve de meilleurs jours ;
Je ne crains plus, bientôt mon père
Bénira nos jeunes amours.

RAOUL et MATHILDE, ensemble.

Oui, l'heureuse chaîne,
Qui va nous unir,
Pour toujours enchaîne
Un doux avenir.
O bonheur suprême !
Oui, mon cœur qui t'aime,
Et se donne au tien ;
Le péril extrême,
La mort elle-même,
Non, il ne craint rien.

SCÈNE VII.

LES PRÉCÉDENTS, GUY LE BOUTEILLER.

GUY LE BOUTEILLER.

Si je vous importune ici de ma présence,
C'est pour vous apporter un avis généreux.

A Mathilde.

Pour la dernière fois, choisis entre nous deux.

RAOUL.

Quelle audace, grand Dieu !

GUY LE BOUTEILLER, à Mathilde.

Tu gardes le silence.
Prononce...

MATHILDE, à part.

Je frémis.

RAOUL, s'avançant vers Guy le Bouteiller.

Va-t-en, retire-toi.
De quel droit oses-tu paraître en cet asile
Où vit ma fiancée, où j'ai reçu sa foi ?

GUY LE BOUTEILLER.

De te le répéter je le crois inutile ;
Jeune imprudent, respecte en moi le gouverneur.

RAOUL.

Mais puisqu'ici tu viens apporter la menace,
Va, ce titre pompeux ne me fera pas peur.

GUY LE BOUTEILLER.

Modère-toi.

MATHILDE, à Raoul avec prière.

Raoul !

RAOUL s'animant.

Je te regarde en face ;
Et, pour le répéter, retire-toi d'ici.

MATHILDE.

Raoul, au nom du ciel !

RAOUL, menaçant.

Eh ! bien, prends ton épée ;
Défends-toi.

GUY LE BOUTEILLER, impassible et railleur.

Mais, enfant, pour me parler ainsi
Ta lame est vierge encor.

RAOUL, avec explosion.

Tu mens : je l'ai trempée
Dans le sang des Anglais.

GUY LE BOUTEILLER, avec dédain.

Va, ne sois pas si fier ;
Pour entrer en champ clos, tu n'es pas chevalier.

TRIO.

RAOUL.

Tu crois échapper à ma rage,
Rien ne peut plus me retenir ;
De tant d'audace et tant d'outrage,
Lâche, je saurai te punir.

MATHILDE.

Raoul, pour venger ton courage,
Rien ne peut plus me retenir ;
De tant d'audace et tant d'outrage,
Oui, c'est à moi de le punir.

GUY LE BOUTEILLER.

Raoul, oui, j'échappe à ta rage,
Mais je te ferai repentir ;
De ton audace qui m'outrage,
Plus tard, je saurai te punir.

MATHILDE.

Eh! bien, puisqu'il ne peut se venger d'une injure,
Raoul, oui, c'est à moi d'en guérir la blessure.
A Guy le Bouteiller.
Vous qui nous apportez vos funestes avis,
Sortez, car cette fois c'est moi qui vous le dis.

GUY LE BOUTEILLER.

Redoutez ma fureur ; ah! c'est moi que l'on chasse!
C'est bien, mes tourtereaux!
A Mathilde.
Va, tu me reverras.

RAOUL.

Mais pour la protéger, quoi que ta fureur fasse,
Sans être chevalier, j'aurai toujours ce bras.

REPRISE DU TRIO.

GUY LE BOUTEILLER.

Tu crois échapper à ma rage,
Rien ne peut plus me retenir ;
De tant d'audace et tant d'outrage,
Tous deux, je saurai vous punir.

MATHILDE.

Raoul, j'ai vengé ton courage,
Rien ne saurait me retenir ;
De tant d'audace et tant d'outrage,
C'est moi qui viens de le punir.

RAOUL.

Tu crois échapper à ma rage,
Rien ne peut plus me retenir ;
De tant d'audace et tant d'outrage,
Lâche, je saurai te punir,

Guy le Bouteiller sort en menaçant les deux fiancés. Raoul et Mathilde rentrent dans la coulisse. Une toile se lève : le théâtre change.

SCÈNE VIII.

Le théâtre représente l'Hôtel-de-Ville, surmonté du Beffroi, signe de la puissance de la commune. Un poste de chevaliers armagnacs.

CHOEUR DE CHEVALIERS.

De zèle et de prudence,
Ici, redoublons tous ;
Le salut de la France,
Amis, dépend de nous.

LES CHEVALIERS, *à un des leurs.*

En attendant le jour de cette délivrance,
Promise tant de fois à notre garnison,
Camarade, dis-nous ta nouvelle chanson.

D'AUTRES CHEVALIERS.

Et puisse le refrain, se répandant en France,
Châtier le duc Jean de son indifférence!

LE CHEVALIER *interpellé.*

Volontiers, répétez vous tous à l'unisson.

CHANSON.

I.

Quand le duc de Bourgogne
 Vers nous viendra,
Tant aura de vergogne
 De manquer la besogne,
 Qu'il en mourra ;
Car aucun lui dira :
Monseigneur de Bourgogne,
Vous venez de Gascogne,
On vous y renverra.

TOUS EN CHOEUR.

Car aucun lui dira :
Monseigneur de Bourgogne,
Vous venez de Gascogne,
On vous y renverra.

LE CHEVALIER.

II.

Mais le duc de Bourgogne
 Se fâchera ;
Eh ! qu'importe s'il grogne,
Vint-il à la besogne ?
 On en rira ;
Car aucun lui dira :
Monseigneur de Bourgogne,
Retournez en Gascogne,
L'Anglais vous y suivra.

TOUS EN CHOEUR.

Car aucun lui dira :
Monseigneur de Bourgogne,
Retournez en Gascogne,
L'Anglais vous y suivra.

SCÈNE IX.

LES PRÉCÉDENTS, UNE TROUPE DE BOURGUIGNONS ET DE GENS DES COMMUNES.

UN BOURGUIGNON, entrant, au chevalier.

Oser parler ainsi du duc Jean, est d'un traître.

LE CHEVALIER, ironiquement.

Halte-là ! votre duc est bon prince peut-être,
Il ne tient pas à lui que tout ne soit à sac.

LE BOURGUIGNON.

Tu l'outrages !...

LE CHEVALIER.

Moi, non.

LE BOURGUIGNON, menaçant.

Tu mens, chien d'Armagnac.

LE CHEVALIER, tirant son épée.

Insolent Bourguignon, tu vas mieux me connaî-
[tre.

Les Bourguignons, les gens des communes, d'une part; de l'autre, les chevaliers Armagnacs s'avancent pour soutenir leurs champions, et se menacent.

BOURGUIGNONS ET GENS DES COMMUNES, appelant et criant leur mot de ralliement.

A nous, Bourgogne !

LES CHEVALIERS, de même.

A nous, Orléans, Armagnac.

De tous côtés, des renforts arrivent aux deux partis. Au moment où ils vont en venir aux mains, Alain Blanchart paraît.

SCÈNE X.

LES PRÉCÉDENTS, ALAIN BLANCHART.

ALAIN BLANCHART, sévèrement.

Soldats, où courez-vous?... Au sein de notre ville
La famine et la mort règnent de toutes parts;
Et vous, vous agitez la discorde civile,
O ciel ! quand l'ennemi menace nos remparts.
Insensés ! Réprimez cette aveugle furie.
N'est-il pas au-dessus des querelles des rois,
L'intérêt si sacré, si cher, de la patrie?
C'est elle, en ce moment, qui parle par ma voix.

Français, unissez-vous ! que la haine s'oublie;
Plus de partis devant l'éternel déshonneur.
Que ce saint étendard à jamais vous rallie,
Et vous conduise tous à la gloire, à l'honneur!

Il arrache à un soldat une bannière verte, sur laquelle est écrit en lettres d'or : France.

AIR.

De la France c'est la bannière,
Jurons de la défendre, amis ;

J'entends la trompette guerrière,
En avant; traîtres, félons, arrière ;
Au devoir nous voici soumis.
Si la bataille meurtrière
Doit terminer notre carrière,
Succombons, mais toujours unis;
Et que, couchés dans la poussière,
Devant notre attitude fière,
Tremblent encor nos ennemis.

Le chœur répète. Tous sortent sur les pas d'Alain Blanchart.

SCÈNE XI.

MATHILDE, PUIS LE ROI D'ANGLETERRE ET GUY LE BOUTEILLER.

La nuit arrive par degrés.

MATHILDE.

Avant que de la nuit tombe le voile sombre,
Allons prier le ciel... Mais qui vient là dans
[l'ombre ?
Encor cet étranger, suivi du gouverneur!
Ils se parlent tout bas; je soupçonne un mal-
[heur.
Tenons-nous à l'écart, écoutons....

LE ROI, traversant le théâtre avec précaution, bas à Guy le Bouteiller.

Dans une heure,
Par la poterne ouverte entreront mes soldats.
Ainsi, tu m'as compris...

GUY LE BOUTEILLER, de même.

Oui, sire, ou que je meure.

LE ROI.

Et puis, d'Alain Blanchart, toi, tu t'empareras.

Le roi et Guy le Bouteiller sortent avec le même mystère.

MATHILDE, seule.

AIR.

Qu'ai-je entendu, grand Dieu? C'est un complot
[infâme,
Pour livrer notre ville à ce traître étranger.
Ah ! comment déjouer cette odieuse trame,
Où mon père est compris dans le même danger?

Pendant l'horreur de la nuit sombre,
Un perfide va nous trahir;
Quand nous allons périr dans l'ombre,
Rien ne viendra nous secourir.

Mais quel bruit frappe mon oreille?
L'Anglais avance sans retard.
Mon père, sur tes jours je veille;
Pour te sauver, est-il trop tard ?

Hélas ! où retrouver mon père?
En quel endroit porter mes pas?
En cet instant, que dois-je faire ?
Seigneur, ne m'abandonnez pas.

Croyant entendre les Anglais, elle s'enfuit effrayée.

SCÈNE XII.

ALAIN BLANCHART et ses Compagnons accourant dans le plus grand désordre.

ALAIN BLANCHART.

Le sort est contre nous, il n'est plus d'espérance:
Le roi dans sa démence, hélas ! vient de tomber.
Le duc Jean aux Anglais abandonne la France ;
Sans les secours promis, il nous faut succomber.
Eh! bien, mes compagnons, dans ce revers funeste,
Un seul espoir encor digne de vous nous reste :
A ces traîtres montrons ce que valent nos cœurs,
Et que seuls nous savons repousser les vainqueurs.
(Aux bourgeois qui l'entourent).
Rassemblez à l'instant vos enfants et vos femmes,
Et qu'au milieu de nous on les place soudain ;
Puis, comblant les fossés, tous le fer à la main,
A travers l'ennemi frayons-nous un chemin,
Aux nocturnes lueurs de notre ville en flammes.

TOUS LES BOURGEOIS, à Alain Blanchart.

Nous te remettons notre sort,
Nous te suivrons jusqu'à la mort.

CHOEUR.

Prêts à quitter notre patrie,
Le Seigneur conduira nos pas.
Adieu, Rouen, terre chérie ;
Jamais plus ne nous reverras !

Les vieillards, les femmes et les enfants se réunissent de tous côtés et se placent au centre de la troupe des Rouennais; pendant que tous se disposent à partir, Mathilde et Raoul accourent des deux côtés du théâtre. Au même instant Guy le Bouteiller, à la tête des soldats Anglais, entre par le fond. Avant que les Rouennais, plus faibles en nombre, aient pu se mettre en défense, ils sont cernés et désarmés. Cette scène se passe à la lueur des torches et des flambeaux.

SCÈNE XIII.

LES PRÉCÉDENTS, MATHILDE, RAOUL accourant, GUY LE BOUTEILLER entrant à la tête des soldats Anglais.

MATHILDE.

Ah ! mon père, apprenez...

RAOUL, se précipitant.

Trahison ! perfidie !
L'Anglais est dans nos murs...

GUY LE BOUTEILLER, s'avançant, aux Rouennais.

Vous êtes prisonniers.

ALAIN BLANCHART, à Guy le Bouteiller.

Ah ! cette trahison, c'est toi qui l'as ourdie,
Je m'en doutais ; Judas, montre-nous tes deniers.

GUY LE BOUTEILLER, à ses soldats.

Qu'on le désarme !
Des soldats s'avancent pour exécuter cet ordre.

ALAIN BLANCHART.

Va, ton attente est trompée :
Un soldat tel que moi ne rend pas son épée ;
J'aurais dû t'en frapper...
Il la brise et en jette les morceaux aux pieds du gouverneur.
En veux-tu les éclats ?
Tiens, fais-les ramasser par tes nouveaux soldats.

ENSEMBLE.

ALAIN BLANCHART, MATHILDE, RAOUL.

Trahison ! perfidie !
Honte de l'avenir !
A jamais infamie
A qui put l'accomplir !

BOURGEOIS, FEMMES, ENFANTS.

Trahison ! perfidie !
Honte de l'avenir !
Cette race ennemie,
Ciel ! faut-il la subir ?

GUY LE BOUTEILLER.

Vive la perfidie,
Quand on peut réussir !
Enfin, race ennemie,
Tu ne peux plus me fuir.

SOLDATS ANGLAIS.

Vive la perfidie,
Quand on peut réussir !
Normands, race ennemie,
En vain, vous voulez fuir.

Les Rouennais veulent résister, les Anglais les menacent. — Tableau. — La toile tombe.

ACTE TROISIÈME.

Le théâtre représente une prison souterraine, où le jour ne pénètre que par un soupirail. Au lever du rideau, Guy le Bouteiller arrive et médite ses projets de vengeance.

SCÈNE I.
GUY LE BOUTEILLER.
RÉCITATIF.

Mathilde va venir me demander son père;
La haine, en cet instant, met mon cœur en émoi;
Ma vengeance s'apprête en ce jour si prospère.
Ces murs sont sans échos : oui, Mathilde est à
[moi.

AIR.

Dans les forêts ainsi la tourterelle,
Sans redouter le perfide oiseleur,
Dans les filets embarrassant son aile,
Vient d'elle-même au-devant du malheur.
En vain veut fuir la pauvrette imprudente :
Le nœud fatal la retient mieux encor,
Puis, l'oiseleur capture l'innocente,
Qui veut, hélas ! reprendre son essor.

Ecoutons : cette fois, c'est elle qui s'avance.
L'audacieux Raoul ici guide ses pas ;
Ils sont venus tous deux se mettre en ma puissance.
Allons recommander Raoul à mes soldats.

SCÈNE II.
MATHILDE, RAOUL.
RAOUL.

Attends, je vais porter cet ordre au capitaine,
Gardien de cette tour.

MATHILDE.
Non, ne me quitte pas.

RAOUL.
Je reviens à l'instant.

MATHILDE.
Ma marche est incertaine,
Et j'ai besoin de toi pour soutenir mes pas.

SCÈNE III.
MATHILDE, seule.

Il s'éloigne : déjà renaissent mes alarmes.
Ce silence et ces murs redoublent ma terreur ;
La voûte souterraine est humide de larmes.
Comme il fait froid ici ! Je suis seule, j'ai peur.

CAVATINE.

Sombres cachots, où gémit l'infortune,
A votre aspect, je sens couler mes pleurs.
En vain mon cœur et ma plainte importune
Veut vous ravir l'objet de mes douleurs.
Mon père, hélas ! je vous le redemande;
De la pitié vous ignorez les lois.
Ah ! que ma voix, du moins, vers lui descende
Le consoler pour la dernière fois.

Etes-vous donc à la prière
Muets, ainsi qu'au désespoir ?
Et, quand on quitte la lumière,
Est-ce pour ne plus la revoir ?
Le prisonnier, dans sa souffrance,
N'attend-il plus que le cercueil ?
Est-il écrit que l'espérance
Doit le quitter sur votre seuil ?

SCÈNE IV.
MATHILDE, GUY LE BOUTEILLER.

MATHILDE, *entendant marcher et se trouvant en face de Guy le Bouteiller.*

C'est Raoul qui revient. — De frayeur je suc-
[combe :
O ciel ! ce n'est pas lui...

GUY LE BOUTEILLER, avec ironie.
Tu ne m'attendais pas !
Allons, rassure-toi, trop timide colombe...
A part.
C'est en vain, désormais, que tu résisteras.

MATHILDE.

Venez-vous donc ici contempler vos victimes,
Vous repaître à plaisir de leurs tourments affreux?
Ah ! si vous méditez encor de nouveaux crimes,
Laissez du moins en paix gémir des malheureux.

GUY LE BOUTEILLER.

Ne jette pas sur moi ce regard de colère.
Pour prix de ton amour, j'assure ton bonheur,
Car je viens t'apporter la grâce de ton père.

MATHILDE.

Et vous osez l'offrir au prix du déshonneur!
Ainsi, vous réservez dans la même famille,
Au père, l'échafaud, et la honte à la fille !

ACTE III, SCÈNE IV.

GUY LE BOUTEILLER, *présentant à Mathilde un écrit.*
Prends cet écrit et vois...

MATHILDE.
N'approchez pas de moi.
Déchirant l'écrit.
Ta fille, Alain Blanchart, sera digne de toi.

GUY LE BOUTEILLER, *avec une joie satanique.*
C'est là que t'attendait, Mathilde, ma vengeance :
Tu viens de te livrer toi-même en ma puissance !
Tu n'avais donc pas vu, pauvre enfant, le danger
Où ma haine et l'enfer viennent de t'engager ?

ENSEMBLE.

GUY LE BOUTEILLER.

Tu ne peux échapper, cruelle,
Le ciel ne te sauverait pas ;
En vain ton âme m'est rebelle,
C'en est fait, tu m'appartiendras.

MATHILDE.

Seigneur, dans ma peine cruelle,
C'est toi qui me protégeras ;
Et de son ardeur criminelle,
Oui, c'est toi qui me sauveras.

GUY LE BOUTEILLER.
A ma haine, à mes vœux, rien ne peut te sous-
[traire ;
Tu m'appartiens...

MATHILDE.
Jamais ; ah ! plutôt mille morts.

GUY LE BOUTEILLER.
Tu résistes en vain.

MATHILDE.
Infâme, téméraire,
Lâche, n'approche pas.

GUY LE BOUTEILLER.
Inutiles efforts !

MATHILDE.
Raoul, à mon secours !...

GUY LE BOUTEILLER.
En vain ta voix l'appelle ;
Raoul, par mes soldats je le fais retenir.

MATHILDE.
C'est une trahison !

GUY LE BOUTEILLER.
Non, c'est, ma toute belle,
Le prix de vos dédains.

MATHILDE.
Dieu saura t'en punir.

GUY LE BOUTEILLER.
Tes cris sont superflus, ainsi que ta menace :
Ces murs sont sourds...

MATHILDE.
Mon Dieu, daignez me
[secourir !
Apercevant le poignard que Guy le Bouteiller porte à la ceinture.
Ah ! ce poignard, enfin !

GUY LE BOUTEILLER.
Mathilde, point de grâce.

MATHILDE *à part et à elle-même.*
Mon père, oui, je veux te venger et mourir !

REPRISE.

GUY LE BOUTEILLER.

Tu ne peux m'échapper, cruelle,
Le ciel ne te sauverait pas ;
En vain ton âme m'est rebelle,
C'en est fait, tu m'appartiendras.

MATHILDE.

Seigneur, dans ma peine cruelle,
C'est toi qui me protégeras ;
Et de son ardeur criminelle,
Oui, c'est toi qui me sauveras.

Guy le Bouteiller veut enlever Mathilde par la force. Celle-ci, en résistant, parvient à saisir le poignard et à se dégager du bras qui l'entraîne. Mathilde reste un instant comme effrayée de l'action qu'elle va commettre ; mais, sur un nouveau geste de Guy le Bouteiller, son hésitation disparaît : elle marche résolument, prête à frapper, vers son ravisseur qui recule épouvanté.

MATHILDE.

Toi qui n'eus pas horreur de trahir ta patrie,
Toi qui livres mon père aux bourreaux en furie,
Toi qui veux m'outrager, sans pitié pour mes
[pleurs,
Toi dont tous les forfaits ont causé nos malheurs,
L'enfer qui te réclame, en un jour de colère,
T'a vomi ; trop longtemps tu souillas cette terre ;
Le ciel dans son courroux choisit des bras ven-
[geurs :
Reçois ton châtiment de ma main ; monstre,
[meurs...

SCÈNE V.

LES PRÉCÉDENTS, ALAIN BLANCHART, RAOUL.

Au moment où Mathilde va frapper, Alain Blanchart, qui a brisé ses chaînes, et Raoul, les habits en désordre, armé d'une épée, se précipitent de chaque côté du théâtre. (Cette scène doit être très-rapide).

ALAIN BLANCHART, RAOUL.
Arrêtez !

MATHILDE, *laissant tomber son poignard.*
O bonheur !

4

ALAIN BLANCHART.
La voix de l'innocence,
Pénétrant jusqu'à moi, m'a fait briser le fer.
RAOUL
Et moi, pour accourir, Mathilde, à ta défense,
Des mains de ses bourreaux, seul, j'ai pu triom-
[pher.
ALAIN BLANCHART, à Guy le Bouteiller.
C'est à toi de trembler, lâche, devant un père.
RAOUL, s'avançant, l'épée à la main.
Assassin, de ton crime, ici, reçois le prix.
ALAIN BLANCHART, à Raoul.
Non, laisse-moi le soin de venger ta colère ;
Ne frappe pas : un lâche est digne de mépris.
A Guy le Bouteiller.
Toi qui voulais ternir l'honneur de ma famille,
J'attache à tes remords, à ta punition,
L'opprobre de ce jour où j'ai sauvé ma fille,
Où je meurs, te donnant ma malédiction.
GUY LE BOUTEILLER, à part.
Je ne sais en mon cœur quel trouble involontaire
M'agite, et malgré moi fait tomber mon courroux;
La vengeance m'échappe et leur voix la fait taire.
Pourquoi donc suis-je ému ? Remords, est-ce donc
[vous ?

ENSEMBLE.
ALAIN BLANCHART, MATHILDE.

Sors d'ici, misérable,
Ote-toi de mes yeux;
Ta présence coupable
A trop souillé ces lieux.
Pour ton crime exécrable,
Ah ! qu'à jamais t'accable
La colère des cieux.

RAOUL.

Je devrais, misérable,
Te frapper sous leurs yeux;
Ta présence coupable,
A trop souillé ces lieux.
Pour ton crime exécrable,
Ah ! qu'à jamais t'accable
La colère des cieux.

GUY LE BOUTEILLER, à part.

O remords qui m'accable !
Oui, quoique audacieux,
Devant eux, en coupable,
Il faut baisser les yeux.
O sort défavorable !
Leur présence implacable
Me chasse de ces lieux.

Il sort.

SCÈNE VI.

MATHILDE, ALAIN BLANCHART, RAOUL.

RAOUL.

Il m'échappe.

MATHILDE.

Mon père, ah ! je vous dois la vie.
En quels instants cruels devais-je vous revoir ?

ALAIN BLANCHART.

L'heure approche, ici-bas ma carrière est finie;
Mais, avant de mourir, il me reste un devoir.
A Raoul, montrant Mathilde.
Tu dois me remplacer désormais sur la terre,
Je veux te confier un précieux trésor.
A Mathilde et à Raoul alternativement.
Calme ton désespoir, et toi ta peine amère,
Car sur vous dans les cieux je vais veiller encor.

Approchez, et placez votre main dans la mienne.
Puisque je ne dois plus demeurer parmi vous,
Que toujours, après moi, votre cœur se souvienne
Que c'est ma main qui donne à Mathilde un époux.
A Mathilde.
Toi, reporte sur lui désormais ta tendresse,
Aime-le comme un père, et qu'il soit ton seul bien;
A Raoul.
Et toi, dans l'avenir, protège sa faiblesse;
Chéris-la comme moi, sois toujours son soutien.
Maintenant, prosterné comme vous sur la pierre,
Je tourne vers le Ciel ma mourante paupière,
Et devant l'Eternel, enfants, je vous unis :
Toi, mon Dieu, bénis-les comme je les bénis.

A mon heure dernière,
Seigneur, entends ma voix,
Que vers toi ma prière
Monte encore une fois ;
Seigneur, toi qui fus père,
Ecoute un malheureux,
C'est en toi qu'il espère,
Pour exaucer ses vœux.

Je vais quitter la terre :
Verse sur ces enfants
Un regard salutaire
Pour leurs pas chancelants.
Seigneur, dans ma misère,
Si mes jours sont remplis,
Donne à ma fille chère
Ceux qui me sont ravis.
Que jamais la souffrance
Ne l'abatte en chemin,
Que toujours l'espérance
Guide son lendemain.
Que mon sort s'accomplisse,
Puisque je dois périr;

ACTE III, SCÈNE VI.

Oui, vienne le supplice,
Je puis enfin mourir.

TRIO.

ALAIN BLANCHART.

A mon heure dernière,
Seigneur, entends ma voix,
Que vers toi ma prière
Monte encore une fois ;
Seigneur, toi qui fus père,
Ecoute un malheureux;
C'est en toi qu'il espère,
Pour exaucer ses vœux.

MATHILDE.

A son heure dernière,
Seigneur, entends sa voix,
Que vers toi sa prière
Monte encore une fois ;
Prends pitié de mon père,
Et sauve un malheureux;
C'est en toi qu'il espère,
Pour exaucer mes vœux.

RAOUL.

A son heure dernière,
Seigneur, entends sa voix,
Que vers toi sa prière
Monte encore une fois ;
Ah! prends pitié d'un père,
Et sauve un malheureux ;
C'est en toi que j'espère,
Pour exaucer mes vœux.

A la fin de ce trio, on entend sonner l'heure, un bruit d'armes se fait entendre, des soldats anglais paraissent.

SOLDATS ANGLAIS, à Alain Blanchart.

Séparez-vous, il faut nous suivre ;
Tu n'as plus qu'un instant à vivre.

MATHILDE.

Mon père !

ALAIN BLANCHART, à Raoul, montrant sa fille.

Emmène-la.
(Aux soldats.)
Je vous suis.

MATHILDE, d'une voix étouffée.

O mon Dieu !

ALAIN BLANCHART.

Pour la dernière fois, ô mes enfants, adieu !

REPRISE DU TRIO.

Les soldats anglais entourent Alain Blanchart et l'entraînent. Raoul emporte dans ses bras Mathilde éperdue.

SCÈNE VII.

Le théâtre change et représente le marché de Rouen. (Ce marché se trouvait alors sur l'emplacement actuel du Vieux-Marché et des quartiers adjacents). Les bourgeois et le peuple affluent sur la place et paraissent tristes et consternés.

ALAIN BLANCHART enchaîné, SOLDATS ANGLAIS, PEUPLE ET BOURGEOIS DE ROUEN.

CHŒUR DU PEUPLE ET DE BOURGEOIS.

O funeste esclavage !
Faut-il, dans notre rage,
Voir un si grand courage,
Digne d'un meilleur sort,
Sans pouvoir, à l'audace
D'un vainqueur qui menace
Et ne fait pas de grâce,
L'arracher à la mort?

En ce moment, on entend une marche funèbre. Des confréries de pénitents, cortége ordinaire des condamnés au moyen-âge, défilent et viennent se ranger sur le théâtre ; puis, on voit paraître Alain Blanchart, entouré par des soldats anglais. Il est enchaîné.

ALAIN BLANCHART.

Jean Jourdain, Delivet, ont racheté leur tête ;
L'Anglais a pris leur or, peut-être leur honneur.
Si j'avais eu des biens, je me serais fait fête
De ne pas racheter l'Anglais du déshonneur.
Il faut une victime, et je donne ma vie ;
Sur moi seul l'ennemi déverse ses fureurs :
C'est le bourgeois obscur qu'en moi l'on sacrifie.
Liberté ! liberté ! c'est pour toi que je meurs.

AIR.

Noble cité qui m'as vu naître,
Pour toi qu'il m'est doux de mourir !
Mais, avoir vu l'Anglais te commander en maître,
C'est mon seul désespoir à mon dernier soupir.

Aux bourgeois et au peuple.

Adieu, mes compagnons de gloire ;
Dans le ciel nous nous reverrons,
Mais vos noms vivront dans l'histoire.

LE PEUPLE ET LES BOURGEOIS.

Alain, oui, nous te vengerons.

ALAIN BLANCHART.

Merci, votre parole amie
Me console dans mes malheurs;
Songez toujours que la patrie
Doit attendre en vous des sauveurs ;
Gardez à jamais la mémoire
Des hauts faits accomplis par nous,
Montrant les Anglais.
Car, pour mieux ternir leur victoire,
Je vais mourir digne de vous.

Noble cité qui m'as vu naître,
Pour toi qu'il m'est doux de mourir!
Mais avoir vu l'Anglais te commander en maître,
C'est mon seul désespoir à mon dernier soupir.

SCÈNE VIII.

LES PRÉCÉDENTS, GUY LE BOUTEILLER, SEIGNEURS ANGLAIS.

Un bruit de trompettes se fait entendre : des hérauts, aux armes d'Angleterre, font le tour du théâtre ; la foule est repoussée durement par des archers anglais. Le roi, monté sur un coursier, entouré de seigneurs anglais, et suivi d'un cortège magnifique, fait son entrée dans Rouen. Guy le Bouteiller vient lui présenter les clés de la ville. En ce moment, les cortèges du roi et d'Alain Blanchard se rencontrent et se trouvent tellement pressés l'un contre l'autre, que tous les personnages sont contraints de s'arrêter.

HÉRAUTS ET ARCHERS ANGLAIS.

Place, manants, race servile;
Obéissez à notre loi,
Car voici, dans sa bonne ville,
Venir votre seigneur et roi.

CHOEUR.

LES ANGLAIS.

Venez reconnaître,
Vaincus, votre maître,
Car il va paraître;
Ou malheur à vous !
Ce jour d'espérance,
Lui donne la France :
Devant sa clémence,
Bourgeois, à genoux!

LE PEUPLE ET LES BOURGEOIS DE ROUEN.

Comment reconnaître
Un Anglais pour maître,
Et le voir paraître?
Ah! malheur à nous !
O jour de souffrance !
Comble d'insolence,
Faut-il voir la France
Succomber en nous ?

ALAIN BLANCHART.

Spectacle déchirant pour mon âme navrée,
On insulte à ma mort !
Se retournant avec dédain et s'avançant vers le roi.
    Eh ! bien, voyons ce roi.
Qu'ai-je vu ? Mais c'est lui qui vint hier chez
[moi.
Au roi.
En vain tu peux changer ta royale livrée,
Mon cœur avant mes yeux m'a dit que c'était toi.
Prophétisant.
Roi d'Angleterre, écoute : à son heure dernière,
Alain Blanchart mourant te prédit l'avenir ;
Dieu l'inspire, un rayon de céleste lumière
Illumine son front, que la mort va pâlir.

Une reine parjure, épouse criminelle,
A trahi ce royaume où son fils règnera;
Mais le pays trahi par la reine Isabelle,
C'est le peuple français qui le rachètera.
A Guy le Bouteiller.
Toi, Guy le Bouteiller, près de ton nouveau
[maître,
Ton nom retentira comme celui d'un traître.
Au roi, avec ironie.
Et toi, de ma cité noble et vaillant vainqueur,
Tu ne jouiras pas des fruits de ta conquête :
La mort plane déjà, pauvre roi, sur ta tête ;
Bientôt va s'écrouler ta fragile grandeur.
Aux Anglais.
Sur ce sol généreux, par une trame infâme,
Vous, Anglais, vous portez votre joug et vos pas;
Mais vous serez chassés un jour par une femme,
Dont la cendre fera trembler encor vos bras.

LE ROI.

Qu'on le mène à la mort.

ALAIN BLANCHART.

    Dans peu, tu m'y suivras...
Oui, ta mort pour les tiens va devenir fatale;
La mienne est un honneur pour ma ville natale.
A toi l'opprobre, à moi la gloire et la fierté
De mourir de ta main, en criant : « Liberté ! »

ENSEMBLE.

ALAIN BLANCHART.

C'est en vain qu'on m'entraîne ;
O vengeance inhumaine !
Je sais subir mon sort;
Mais vous, Anglais, ma haine
Vous suit jusqu'à la mort.

LE ROI.

A la mort qu'on l'entraîne ;
Pas de faiblesse humaine,
Qu'il subisse son sort.
Victoire ! dans ma haine,
Je le livre à la mort.

ROUENNAIS, PEUPLE, BOURGEOIS, FEMMES, ENFANTS.

A la mort on l'entraîne ;
O vengeance inhumaine !
Hélas ! plaignons son sort.
Mais, un jour, notre haine
Saura venger sa mort.

GUY LE BOUTEILLER.

A la mort on l'entraîne,
Et, sans faiblesse humaine,
Il va subir son sort.
C'est donc moi dont la haine
A demandé sa mort.

SOLDATS ANGLAIS.

A la mort qu'on l'entraîne ;
Pas de faiblesse humaine,
Qu'il subisse son sort.
Victoire ! notre haine
A demandé sa mort.

SCÈNE IX.

LES PRÉCÉDENTS, MATHILDE, RAOUL.

Mathilde, soutenue par Raoul, paraît dans un coin du théâtre. Ils ne sont vus que par le spectateur.

RAOUL.

Et nous, puisqu'il n'est plus, hélas ! d'autre es-
[pérance,
A l'outrage, aux bourreaux, allons, enfants pieux,
Dérober du martyr les restes glorieux;
Puis, aux pieds du Dauphin, allons crier ven-
[geance.
Toi, Guy le Bouteiller, ton front est bien altier;
Tremble : peut-être un jour je serai chevalier,

CHOEUR GÉNÉRAL.

ALAIN BLANCHART.

C'est en vain qu'on m'entraîne ;
O vengeance inhumaine !
Je vais subir mon sort ;
Mais vous, Anglais, ma haine
Vous suit jusqu'à la mort.

LE ROI.

A la mort qu'on l'entraîne ;
Pas de faiblesse humaine,
Qu'il subisse son sort.
Victoire ! dans ma haine,
Je le livre à la mort.

ROUENNAIS, PEUPLE, BOURGEOIS, FEMMES, ENFANTS.

A la mort on l'entraîne ;
O vengeance inhumaine !
Hélas ! plaignons son sort ;
Mais, un jour, notre haine
Saura venger sa mort.

GUY LE BOUTEILLER.

A la mort on l'entraîne,
Et, sans faiblesse humaine,
Il va subir son sort ;
Et c'est moi dont la haine
A demandé sa mort.

MATHILDE ET RAOUL.

C'est en vain qu'on l'entraîne ;
O vengeance inhumaine !
Il va subir son sort.
Mais, un jour, notre haine
Saura venger sa mort.

SOLDATS ANGLAIS.

A la mort qu'on l'entraîne ;
Pas de faiblesse humaine,
Qu'il subisse son sort.
Victoire ! notre haine
A demandé sa mort.

Les deux cortéges se séparent et se remettent en marche. Des Rouennais veulent s'élancer et délivrer Alain Blanchart ; ils sont repoussés par les Anglais. Raoul soutient toujours Mathilde chancelante. La toile baisse sur ce tableau.

FIN D'ALAIN BLANCHART.

DU MÊME AUTEUR.

Aux mânes de Victor Grandin, hommage en vers, 1849, brochure.
Qui Vive...? Iambes, 1850, brochure.
Les Deux Amants, drame lyrique en trois actes.

ROMANCES ET BALLADES.

Le Pélerin de Saint-Just, ballade, musique d'Adrien Boïeldieu.
Valentine de Milan, ballade,
La Berceuse indienne, élégie, } musique de Félix Clément.
L'Oiseau ingrat, chansonnette,
Pour l'oublier, romance, musique de M. Louis de Laubrières.
L'Enfant au ciel, élégie,
La ballade de Crécy, } musique d'Adrien Boïeldieu.

Sous presse et pour paraître :

Dix ans de solitude, poésies.